Eugénie Musayidire

Mein Stein spricht

Texte der Trauer, der Verzweiflung, des Zorns,
der Anklage und des Protestes

über die Ermordung meiner Mutter

während des Völkermordes in Rwanda 1994

Danke!
Eugénie
Musayidire
26. 8. 1999

foedus-verlag

Umschlag unter Verwendung zweier Privatphotos der Autorin

Gesamtherstellung: Fa. Jürgen Kinzel, Göttingen

ISBN 3-932735-29-3

Die Deutsche Bibliothek - CIP-Einheitsaufnahme

Musayidire, Eugénie:
Mein Stein spricht : Texte der Trauer, der Verzweiflung, des Zorns, der Anklage und des Protestes über die Ermordung meiner Mutter während des Völkermordes in Rwanda 1994 / Eugénie Musayidire.- Wuppertal : Foedus-Verl., 1999
ISBN 3-932735-29-3

Vorwort

Mwilira
Nimwihorere bana b'u Rwanda
Abacu bicaye i Jabiro
Iruhande rwa Jambo
Ntibazatuma byongera
Mwilira

Weinet nicht
Seid getröstet, Kinder Rwandas
Die Unseren sitzen im himmlichen Palast
zur Rechten und Linken Gottes
Sie werden es nie wieder zulassen
Weinet nicht

Eugénie Musayidire

Eugénie Musayidire ist in Rwanda geboren und lebt seit Ende der 70er Jahre in der Bundesrepublik Deutschland. Nach einem Flüchtlingsaufenthalt in Burundi hat sie hier Asyl erhalten.

Von hier aus hat sie miterlebt, wie im Mai 1994 ihre Mutter und ihr Bruder und ihre ganze weitere Verwandtschaft in Rwanda erschlagen wurden. Von einem Hutu-Nachbarn, der Familie lange bekannt.

Viele Menschen haben seinerzeit in Rwanda die Hölle erlebt. Nationalistische Teile der rwandischen Regierung hatten den Völkermord an den Tutsi, die Massaker an den oppositionellen Hutu lange geplant und gut vorbereitet.

Und planmäßig wurden die Ermordungen vollzogen: direkt durch die Militärs oder durch Zivilisten, die veranlaßt wurden, Bekannte, Nachbarn oder auch Fremde zu ermorden. So starben auch Suzanne Mukangwije und Ngarambe David, Mutter und Bruder der Autorin.

Ihre Trauer hat sie nach und nach schriftlich niedergelegt. Ihre therapeutischen Auseinandersetzung mit der Ermordung begleitend erinnert sie sich an Szenen aus ihrer Heimat, schildert die Beziehung zu ihrer Mutter und geht immer wieder der Frage nach, wie der Junge aus dem Nachbarhaus, mit dem sie selbst gespielt hat, mit dem die ganze Familie freundschaftlich verbunden war, zum Mörder ihrer alten Mutter und der weiteren Verwandtschaft werden konnte.

Ein amerikanischer Bekannter hat E. Musayidire einen kleinen Stein ihres völlig zerstörten Elternhauses mitgebracht, den sie nun immer bei sich hat. Mit diesem Stein kann sie sprechen, aber dieser Stein erzählt auch selber von seiner Trauer, denn er vermißt Mukecuru (Oma). So wird Klage und Trauer, Verzweiflung und Wut ausgedrückt. So findet aber auch eine intensive Auseinandersetzung mit dem christlichen Glauben statt. Und so kommt auch das Verhalten der Kirchen, der Staaten in Europa und der UNO zu dem Völkermord in Rwanda in den Blick.

Und so ist dies kleine, fast poetische Werk entstanden.

Zum Geleit

Dies ist kein Buch der Versöhnung. Es ist ein Buch der Trauer, der Verzweiflung, des Zorns, ein Buch der Anklage und des Protestes.

Wie lange darf ein Mensch nach dem Verlust seines »Liebesobjekts« trauern? Bei den Krankenkassen gibt es hierfür Richtwerte, mit denen ich in einem leidigen Beantragungsbriefwechsel konfrontiert wurde. Aber wie lange darf ein Mensch trauern, der nahezu seine ganze Familie, der sein Volk, ja möglicherweise seinen Gott verliert?

Dies ist ein Buch der Suche. Es taumelt zwischen Liebe und Haß, zwischen Dankbarkeit und Rachegelüsten. Aber vor allem ist und bleibt es ein Buch, eine Reaktion der Seele, die aus Worten und Sätzen besteht. »Derjenige, welcher dem Feinde statt eines Pfeiles ein Schimpfwort entgegenschleuderte«, formulierte Sigmund Freud im Jahr 1893 in Anlehnung an Hughlings Jackson, »war der Begründer der Zivilisation«.

Unseren widersprüchlichen Gefühlen und Antrieben werden wir Menschen nie entrinnen können. Aber wir können und müssen an unserer äußeren und inneren »Zivilisation« weiterarbeiten – und zwar überall in der Welt. Daß die Autorin in diesem Sinne zur Feder gegriffen hat, das ist für mich das Versöhnliche an diesem Buch.

*Günther Röbbeling**

* Dr. G. Röbbeling ist der Psychotherapeut der Autorin.

Liebe Eugénie,
wozu ein Vorwort? Was Du geschrieben hast, spricht für sich selbst. Es bedarf keiner Empfehlung. Warum bittest Du so beharrlich um ein Geleitwort Deines Pastors?

Ein Weg von dreieinhalb Jahren liegt hinter Dir, ein Weg, auf dem Du unvorstellbares Grauen durchlebt, Tiefen ungeahnter Gefühle, selbst das der Gottesverlassenheit, durchlitten hast, Erfahrungen, unter denen Du Dir selbst fremd geworden bist.

»Du solltest das Wort nehmen, weil Du mich auf diesem Weg begleitet hast«, sagst Du. Habe ich das? Ich habe versucht, Dir nahe zu bleiben. Oft genug reduziert auf die bloße Präsenz. Versucht, mit Dir zu schweigen, die unbeantwortbaren Fragen auszuhalten, der Ohnmacht standzuhalten, Deine Klage zu verstärken.

Jetzt, im Rückblick auf dreieinhalb Jahre, wird deutlich: Du bist nicht auf der Stelle getreten. Du hast einen Weg beschritten, Du bist vorangekommen. ›Dreieinhalb Zeiten‹ ist ein uraltes biblisches Motiv. Es lehrt uns: Dem Bösen ist ein Maß gesetzt. Das Leiden ist nicht endlos. Dein Weg ist nicht hoffnungslos.

Das lese ich aus Deinen Worten. Ich bin sicher, sie werden Menschen bewegen, aufwecken, aufrütteln aus unbeteiligter Behäbigkeit und bürgerlicher Gottesgemütlichkeit.

*Rainer Stuhlmann**

* Dr. R. Stuhlmann ist der Seelsorger der Autorin

Inhalt

Der Stein

Ich sehe Nyanza,
meine Geburtsstadt,
ich sehe Kaguli,
meinen Geburtsort.

Damals war Nyanza die Hauptstadt.
Nyanza war die Königsstadt,
seit Jahren ist sie es nicht mehr.

Ich sehe *Iliba** und den Wald
auf dem Weg zu Kolotilida,
meiner besten Freundin.
Kolotilida mit ihren fünf Kindern
lebt nicht mehr,
Konsolata lebt nicht mehr,
Yohwani lebt nicht mehr,
Viyani lebt nicht mehr,
Megitilida lebt nicht mehr,
Felisita lebt nicht mehr,
alle meine Schulfreunde
leben nicht mehr,
nur die Mörder leben,
und leben nicht schlecht.

* Brunnen

Ich sehe unser Haus,
auch wenn es das nicht mehr gibt.
Karl, ein Amerikaner,
war an der Stelle,
wo das Haus war,
war am Ort und Platz,
wo ich als Kind gespielt habe.
Es war nichts mehr zu sehen.

Nur eine kleine Mauer steht noch da,
Karl hat mir einen Stein mitgebracht:
AGASARABWAYI
Einen Stein von zu Hause,
unserem Haus.
Ich habe den Stein immer bei mir,
ich trage ihn in meiner Hosentasche,
den Stein des Elternhauses,
den Stein des Lebens.

Uli urutare,
kandi kuli urwo rutare,
nzubakaho Kiliziya yanjye
n´ububasha bwo mu kuzimu
ntibuzayitsinda.

Tu es Pierre et sur cette pierre
je bâtirai mon église
et les portes de l´ Hadès
n´auront pas raison d´elle.

Du bist Petrus, der Fels,
und auf diesem Felsen
will ich meine Kirche bauen,
und die Pforten der Hölle
sollen sie nicht überwältigen.
(Mt 16,18)

Aber, das Haus neu zu bauen,
geht nicht mehr,
nicht mehr in Nyanza
und nicht mehr in Kaguli.
Alles ist zerstört,
es gibt kein Haus mehr.
Ich will kein Haus mehr
in Rwanda bauen.

Mein Stein ist mein Freund

Mein Herz weint,
Tränen machen meine Augen blind;
ich lebe mit meinem Stein.
Er ist klein, und doch wieder nicht.
Seine Kräfte machen ihn stark.
Mit meinem Stein
kann ich sogar allein
im Dunkeln laufen,
ich kann mit ihm meditieren.
Ich halte ihn fest in meinen Händen.

Mein Stein ist mein Freund,
ich trage ihn bei mir,
ich rede mit ihm.
Es ist etwas Schönes,
ihn bei mir zu haben,
etwas, was meine Mutter
mit ihren Händen gefühlt,
mit ihrem kleinen schmalen
Fuß berührt hat.

Karl hat mir auch *ibitega** mitgebracht.
Die haben meine Großmutter

* Armreifen

und meine Urgroßmutter
am Arm getragen.
Und ein Bild vom Palast des Königshauses
hat er mir mitgebracht,
damit ich sehen kann,
was übriggeblieben ist:
RUINEN - AMATONGO

Meine Mutter irrte sich

Ich sehe mein Elternhaus,
meine Mutter sitzt im Hinterhof
und plaudert mit ihren Kühen.
Ich kann sie doch nicht sehen,
sie lebt nicht mehr.

Ngarambe David,
ihr Sohn und mein Bruder,
lebt auch nicht mehr.

Unterhalb unseres Hauses
lebte die Schwester meiner Mutter,
meine Tante Gatarina;
auch Gatarina lebt nicht mehr.
Auch Onkel Diyonizi,
seine Frau, seine sechs Kinder
leben nicht mehr.

Benedigito mit seiner Frau Domitila
und den Kindern, alle leben nicht mehr.

Tereza Abandibakobwa,
Karorina, Mama Rubangura,
Atanaziya, mein Patenkind,
und drei ihrer Kinder
leben nicht mehr,

das vierte hatte sich
zwischen den Leichen versteckt,
es lebt jetzt in Kigali bei seinem Onkel.

Atanazi Kanazi
und seine Frau Koleta
leben noch,
sie haben mir Grüße bestellt.
Atanazi
wollte mit meiner Mutter fliehen,
sie hat es abgelehnt,
sie wollte nicht fliehen.
Ich höre ihre Stimme sagen:
»*Ndanze*, nein,
Uwantinyuka ni nde?
Wer kann es wagen?«

In ihrem Alter,
sie als Älteste im Dorf,
sie als Oma für alle,
sie als lebendige und lustige Frau,
die nie jemandem Böses getan hat,
sie als Mutter von Waisenkindern,
wer könnte ihr etwas antun?

Ich sehe sie!
Sie hat sogar
unsere anderen Verwandten zu sich geholt,
soviel Vertrauen hatte sie in das Dorf.

Sie hat sich geirrt,
Sekimonyo* hat es gewagt,
meine Liebste zu ermorden.
Wie? Mit einer Axt!
Wann? Ende Mai!

* Name geändert

Ich kenne den Mörder

Meine Tränen sollen zu ihm gehen.
Ich werde mich nicht schämen,
vor ihm zu weinen.

Ich sehe sein Gesicht,
das Gesicht des Mörders.
Als Kind
hat er immer rote Augen gehabt.
Ich kenne den Mörder meiner Mutter,
wir haben im Sand zusammen gespielt.
Als Kind war er ein netter Junge,
ich spielte gern mit Jungen,
lieber als mit Mädchen.

Die Zeit zum Spielen ist vorbei,
die Welt ist anders geworden,
Sekimonyo hat Menschen ermordet.

Statt mit seinen Kindern
Fußball zu spielen,
hat er in seine rechte Hand
eine Axt genommen,
und er hat meine Mutter ermordet,
meinen Bruder und meine Freunde.

Sekimonyo hat T-Shirts
aus Deutschland bekommen,
meine Mutter
hat ihm Geschenke mitgebracht.
Ich habe Seife, Crème, Puder
für seine Frau geschickt,
Schokolade, Kekse, Hefte
und Bleistifte für seine Kinder.

Seine Kinder und seine Frau
haben wohl gesehen,
wie er meine Familie abgeholt hat,
wie er Alte und Junge abgeholt hat.

Wie haben seine Kinder
und seine Frau reagiert?
Wie lebt er jetzt?
Was ist das für ein Leben?
Wenn er noch lebt,
lebt er mit seiner Frau?
Läßt sie sich noch von ihm berühren?
Kann man noch zwischen ihnen
von Liebe sprechen?

Die Mörder
sollten nie dieses Wort aussprechen.
Sie sollten Tag und Nacht
im Dunkel bleiben.

Im Dunkel ihrer Seele.
Sie sollten
kein Licht in ihrem Leben haben,
kein Licht ihrer Seele.

Ich sehe alles.
Ob sie geweint haben?

Die Kinder
haben sicher geschrien
und versucht davonzulaufen.

Die Erwachsenen
haben geschwiegen,
sie waren tot, schon vor dem Tod.

Sekimonyo hat alle abgeholt,
in den kleinen Wald in Nyanza gebracht.
Ich kenne den Weg ganz genau,
eine Stunde Marsch,
eine Stunde Golgatha-Weg,
der Weg zum Tod.
Schrecklich, was ich sehe.

Ich will schreien,
aber wo soll der Schrei hin?
Wer hört meine Stimme?
Wer kann meine Trauer empfinden?
Wer kann meine Verzweiflung fühlen?
Wer kann meine Wut,
meinen Haß und – mehr noch –
meinen Durst nach Rache verstehen?

Soll Sekimonyo ungestraft leben?

Ich sehe dieses Schweigen
auf dem Weg,
es ist schrecklich!

Der Tod vor dem Tod

Alle wußten,
daß es für sie alle
diesen schrecklichen Moment
geben würde.

Sie wußten es,
sie kannten
die Stimme ihres Mörders,
sie kannten
seinen Namen,
Sekimonyo,
der Nachbar im Dorf Kaguli.

Sie haben
Salz und Zucker mit ihm geteilt,
sie haben
Bananenbier mit ihm getrunken,
sie haben gemeinsam
ein krankes Kind zum Arzt gebracht.

Meine Mutter hat
seiner Frau das Nähen beigebracht,
seine Tochter für die Hochzeit vorbereitet,
auf die beiden Mädchen aufgepaßt,

als sie noch klein waren.
Sie haben
Milch von unsern Kühen getrunken.

Meine Mutter hat
ihren Mörder und seine Familie
gekannt und geliebt,
sie waren alle ihre Kinder.

Sie haben sie nicht Suzanne gerufen,
sondern *Mukecuru**.
Mukecuru lebt nicht mehr.
Sekimonyo hat sie ermordet.

Er hat unschuldige Menschen abgeholt,
sie mußten eine Stunde lang mit ihm gehen,
bis zu den vorbereiteten Massengräbern.

Junge Tutsi
mußten ihre Gräber und die ihrer Eltern,
Verwandten, Freunde ausheben,
unter Aufsicht der Mörder.

* Oma

Angst

Haben sie Angst gehabt?
Was ist Angst?
Angst im Flugzeug?
Angst im Dunkeln,
Angst vor einem bösen Menschen,
der vielleicht kommt?

Vielleicht hat meine Mutter Angst gehabt,
vielleicht haben sie alle Angst gehabt,
TODESANGST!
Wer kennt diese Angst?
Ich nicht.

Was haben sie alle gedacht?
Wen kann ich fragen?
Meine Mutter lebt nicht mehr,
sie hätte ein offenes Ohr
für alle meine Fragen.

Jetzt
kann sie mir keine Antwort geben.
Ob sie gebetet haben?
Rwanda ist ein christliches Land!.
Ob ein Geistlicher mit ihnen gebetet hat?

Oder
ob der Priester, der liebe Pastor,
der jeden Sonntag in der vollen Kirche
dreimal am Vormittag
über die Liebe
und das fünfte Gebot gepredigt hat,
selber ein Mörder ist?

Auch Priester sind Mörder gewesen.
Statt der Bibel
haben sie Macheten,
haben sie Gewehre
in die Hände genommen.

Auf der Liste der Mörder,
die vor das Tribunal gestellt sind,
ist zu lesen:
*Mwitende Père**
Beruf: *Prêtre,*
*Directeut de l'Ecole ›Christ Roi‹***
in Nyanza, meiner Geburtsstadt.

Meine Mutter kannte ihn,
sie war oft bei ihm.

* Vater, Name geändert

** Priester, Direktor der Schule Christus König

Als überzeugte Katholikin
hat sie bei ihm
jeden Mittwoch gebeichtet,
sie hat ihm ihre Sünden anvertraut,
hat ihn um Gottes Vergebung gebeten
und von ihm
Absolution erhalten.

Wer ist nun der Sünder?

Ich bin sprachlos.

Ich sage nichts dazu.
Heute nicht.

Armes kleines Land,
Pays des mille collines et mille projets –
Land der tausend Hügel und tausend Projekte.

Imana yilirwa ahandi igataha i Rwanda –
Gott ist am Tag in anderen Ländern,
am Abend kommt er nach Hause zurück,
nach Rwanda.

Ein Sprichwort,
das nicht mehr gesprochen werden sollte.

Wo ist dieser geliebte Gott?

Wo war er?

Wo ist seine Macht?

Wo?

Beten

Ob sie gebetet haben?
Wozu?
Vielleicht für die Übriggebliebenen?
Wer ist denn geblieben?
Die Mörder.
Haben sie für die gebetet?

Atanazi lebt noch,
seine Frau auch.
Ob Alphonse und seine Frau Melaniya
noch am Leben sind?
Für die haben sie vielleicht gebetet.
Oder haben sie für sich gebetet?

Ich bin sicher,
daß meine Mutter auf dem Weg
an mich
und an Sandra, ihre Enkelin,
gedacht hat.
Daß Ngarambe, mein Bruder,
an uns gedacht hat.
Daß sich beide Hand in Hand
von uns verabschiedet haben.

Meine Mutter
hat den ganzen Weg mit mir geredet.
Sie hat uns ihren Segen geschickt.

Auf ihrer Reise nach Golgatha
hat sie an ihre Kinder gedacht.

Die Mörder sind meine Feinde

Die Bibel
muß neu geschrieben werden,
*Gatigisimu**
muß neu verstanden werden,
Urukundo – die Liebe –
muß neu begriffen werden.

Das Gotteshaus in Nyanza
muß neu gebaut werden.
Das alte ist voller Blut.
Wer will in diesem blutigen Haus beten?
Für wen, verdammt noch mal?

Meine Mutter besuchte uns in Deutschland.
1993 war ihr letzter Besuch.
Ich hätte sie hierbehalten sollen.
Jetzt ist es zu spät.
Sie wird nicht mehr kommen,
wir werden sie nie mehr sehen.
Sie lebt nicht mehr,
Sekimonyo hat sie ermordet.

* Katechismus

Ich werde sie nie mehr sehen.
Ich lebe in Trauer,
in meiner Vergangenheit,
und heute
bin ich ein Waisenkind.
Ich habe keine Eltern mehr.
Sandra hat keine Großeltern mehr.
Mein Vater ist 1959 ermordet worden,
ich war noch ein Kind, 7 Jahre alt.

Die Mörder verfolgen mein Leben,
sie haben mein Leben zerstört.

Ich kenne jetzt Wut und Haß,
ich weine in mir,
und ich soll vergeben?

Wie kann ich vergeben?

NEIN!

Die Mörder
sind meine Feinde,
die Mörder
sind Feinde der Menschheit,
sie sollten
von unserem Planeten verschwinden,
damit die Kinder auf der Straße
in Ruhe spielen können.

Gardez mon âme dans la paix
près de Toi Seigneur

Ein Gebet für mich:
Halte meine Seele in Frieden
in Deiner Nähe fest, Herr.

Ich darf nicht hassen,
ich darf keine bösen Gedanken haben,
die Zehn Gebote:
ich muß danach leben,
ich muß sogar meinen Feind lieben.

Nun, mein Gott,
halte mich fest,
aber ich erlaube mir zu sagen:
Mein Feind ist Sekimonyo,
ich will ihn nicht lieben,
ich werde ihn nie lieben,
ich will ihm mein Leben lang
nie wieder begegnen.
NON!

Wie sie habe ich mich geirrt

Der Kirchenkreis hat meiner Familie
und meinen Freunden im Geist,
die letzte Ehre gegeben.
Die Predigt von Rainer
hat meine Liebste bestimmt gehört,
denn sie lebt,
wie sie es mir immer gesagt hat.
Sie sprach niemals vom Tod.
Wenn sie den Tod meinte,
sprach sie von
ihrer nächsten Reise,
ihrem nächsten Leben.

Beten?
Ja, ich habe gebetet,
daß sie nicht ermordet werde,
daß die Nachbarn sie schützen,
daß ein Wunder geschehen möge
von meinem Gott.
Ich habe nie geglaubt,
daß jemand wagen würde,
sie zu töten.

Wie sie habe ich mich geirrt.
Sekimonyo war schneller,
als die »Front Patriotique Rwandais«,
meine einzigen Retter.

Beten?
Ich habe gebetet,
daß diese Armee schneller
in den Süden vordringt,
kämpft und siegt,
so wäre meine Familie gerettet.
Was ist das für ein Gebet ?
»Frieden schaffen ohne Waffen«
war meine Überzeugung.
Die Friedenstaube
ist in jedem Raum meines Hauses,
sogar an meinem Arbeitsplatz.

Ein Traum!
Denn die reale Welt,
in der wir heute leben,
ist voll von Grausamkeiten,
im Norden wie im Süden.

Der Durst der Mächtigen nach Macht
läßt die Kinder, die Alten,
unschuldige Menschen, Opfer werden,
und die ganze Welt schaut zu!

Und ich?
Im Golfkrieg
habe ich wie alle
in meiner Gemeinde gebetet,
daß die Amerikaner nicht den Irak angreifen,
ich habe das Wort Ultimatum
immer noch in meinem Ohr.
Es war das erste Mal in meinem Leben,
daß ich einen vorbereiteten, geplanten Krieg
live auf dem Bildschirm sah.

Im April 1994,
betete ich, daß
die Armee der »Front Patriotique« gewinnen soll,
daß sie so schnell wie möglich
im Süden ankommt,
um zu retten, was noch zu retten war.
Es war zu spät für meine Liebste.

Einige Tutsi
sind doch gerettet worden!
So war es in Byumba,
so war es in Kigali,
so war es in Gitarama.
Und die,
die im Dach des Hauses der Hutu,
im Loch,
das sie selber gegraben hatten,
versteckt waren.

Wieviele haben es geschafft?
Einige Hutu
sind sogar ermordet worden,
weil sie ihren Tutsifreunden
das Leben gerettet haben.

Paul, 24 Jahre alt, Sohn des ermordeten
Superintendenten Gafaringa,
ist ein Zeuge des Grauens.
Er hat es geschafft zu fliehen.

Er lebt jetzt in Moers,
der Partnergemeinde
seines Geburtsortes Kigali.
Er fragt heute noch
nach dem Sinn seines Lebens.
Sein Nachbar, ein Hutu,
hat seinetwegen sein Leben riskiert.
Ich bin sicher, daß er im Himmel ist.

Von solch mutigen Menschen
spricht man kaum.

Nicht jeder Hutu ist ein Mörder.

Ja,
wer diese Erfahrung gemacht hat,
kann laut sagen:
Waffen für den Frieden
oder Einsatz von Gewalt für den Frieden,
oder Krieg als das letzte Mittel,
um unschuldige Menschen zu retten.

Ja, ich habe gebetet.
Aber mein Gebet
ist in der Luft hängengeblieben.

Die Retter kamen in Nyanza an,
als die Massengräber zugedeckt waren,
als kein Stein mehr auf dem anderen war.

Die Mörder haben sogar das Haus zerstört,
damit ich nichts mehr finden würde,
wenn ich auf die Idee käme,
nach Hause zurückzukehren.

Aber,
Karl hat mir einen kleinen Stein
von zu Hause mitgebracht.
Einen ganz besonderen Stein,
einen wertvollen Stein,
einen Stein,
der mit mir sprechen kann.

Ich hatte Hoffnung!
Ich suchte in den Bildern, die wir alle
auf dem Bildschirm sahen,
meine Mutter,
meinen Bruder und Freunde.

In meiner Hilflosigkeit
habe ich
einen neuen Fernseher mit
Satellitenantenne angeschafft,
um die französischen Sender zu erreichen.
Denn französische und belgische
Journalisten waren am Ort.

Sie berichteten Details
und zeigten
die grausamsten Gesichter.
Gesichter,
die ich noch nie
in meinem Leben gesehen habe.

Diese Bilder habe ich noch heute.

Einen Videorecorder
habe ich auch gekauft,
um den Genozid festzuhalten,
damit ich vielleicht
bei den Massen auf der Flucht
meine Liebste erkennen könnte

und vielleicht
alles tun,
um sie herauszuholen.
Dieses Spiel ging jeden Abend
und die ganze Nacht hindurch.

Ich alarmierte François Munana,
meinen Freund in Burundi,
seine Mutter Pascasie,
auch Karoli Karara aus Nyanza.

Sie sollten jemanden finden,
der nach Hause fährt,
um meine Familie
aus der Hölle zu holen,
für fünftausend Mark.
Auch dieses Geld,
um Gottes Willen, wollte keiner.
Keiner wollte Selbstmord begehen.

Ich wollte mich selbst
auf den Weg machen,
über Uganda,
aber Doktor Neudeck
wollte mich nicht mitnehmen.

Ich stellte mich zur Verfügung,
bei den »Ärzten ohne Grenzen« in Bonn,
habe alle Formulare ausgefüllt:
Auch sie lehnten meinen Antrag ab,
trotz des dringenden Aufrufs nach Helfern.

Mich,
eine geborene Rwanderin,
die nicht nur ihre Familie suchte,
sondern auch
ihrem Volk helfen wollte,
mich
wollte keiner.
Denn als Tutsi
war ich in Gefahr.

Nach und nach
habe ich diese Organisationen verstanden.
Wer wollte eine Tutsi bei sich haben,
während die anderen
mit Leib und Seele die Hölle erlebten?

Ganz Rwanda weinte

Gott
hat damals in Rwanda gelebt,
er hat tagsüber
in anderen Ländern gearbeitet,
und ist nachts
müde nach Hause,
nach Rwanda,
zurückgekehrt,
wo er Ruhe fand.

In der Nacht zum 6. April 1994
ist er nicht mehr zurückgekehrt!

Der Teufel in Person
war über dem ganzen Land,
drei Monate lang,
bis die Retter
der Rwandische Patriotische Front
das kleine Rwanda
in ihre Hände nahmen,
und es sich
unter ihrer Kontrolle befand.

Die Überlebenden
konnten aufatmen.

Die Flüchtlinge,
die seit dreißig Jahren
im Exil lebten,
konnten
zurück nach Hause kommen,
konnten
die Berge und die Täler sehen.

Zu sehen waren auch
die Wälder voll von Gräbern,
die Straßen voller Skelette,
die Flüsse voll von Leichen,
die Kirchen voller Blut,
der Tod war überall zu riechen.

Die Kinder
hatten keine Eltern mehr,
die Eltern
hatten keine Kinder mehr,
die Witwen
fingen an,
neue Lieder zu singen,
um sich zu trösten.

Eine Rückkehr ins Leere,
eine Rückkehr mit Tränen,
eine Rückkehr voll Trauer.
Ganz Rwanda weinte!

Die Sprache der Liebe

Ich blieb hier.
Ich wollte nicht
Staub und Asche sehen.

Bin ich feige?
Ja,
sonst wäre ich gegangen!
Ich hätte sogar
Sekimonyo suchen sollen,
statt zwei Monate lang
unter Aufsicht von Psychologen
in der Klinik zu bleiben.

Ich blieb hier
und trauerte
mit meinen Freunden,
denn viele
haben sie gekannt.

Sie hatte sogar Freunde hier
in Heisterbacherrott.
Sie hatte Christa, die Nachbarin,
sie haben sich gut verstanden,
sie haben zusammen
gelacht und geredet
in der Sprache der Liebe.

Sie hat sogar
einen Sohn
und eine Schwiegertochter,
Rainer und Sigrid.
Rainer hat ihren Segen bekommen.

Sie war im Gottesdienst
und beim Gemeindefest.
Ihr letzter Gottesdienst bei uns
war an Christi Himmelfahrt 1993
im Park von St. Augustin.
Das Grillfest danach
war ihr letztes Fest bei uns.

Sie war hier.
Ich hätte sie hierbehalten sollen.

Briefe habe ich erhalten,
gute Worte
von meinen besten Freunden.
Es tut gut,
mitten in der schweren Zeit
sich nicht allein zu fühlen,
aber
ein Trost ist es nicht.

Es ist nicht Undankbarkeit,
es ist nicht Gefühllosigkeit,
es trifft nur alles auf Leere.

Ich habe die Worte vernommen,
und doch nicht.

Die Leere bleibt.
Der Tod siegt,
auch
wenn er nicht siegen sollte.

Der Mörder Sekimonyo
hat Einfluß auf mein Leben gewonnen,
den ich nicht allein beseitigen kann.
Der Tod ist um mich herum.

Wir wissen alle,
daß wir sterben werden.
Aber das Morden läßt
den Tod nicht
zur rechten Zeit kommen.
Der Mensch
holt ihn,
der Mensch
hat die Macht,
das Leben der anderen zu nehmen,
wie Sekimonyo.

Die Kirchen in Rwanda

Der Tod hat gesiegt,
wo er nicht siegen sollte.

Und alle Christen
auf der ganzen Welt
haben zugesehen.
Alle!
Sogar der Papst in Rom
hat zugesehen,
wie seine braven Schafe ermordet wurden.
Ja,
der guter Hirte und
alle Priester und Prediger,
alle Gläubigen
auf der ganzen Welt
haben gesehen,
wie der Tod in Rwanda aussah.

Und keiner konnte helfen.

Rwanda war zu weit,
Rwanda war zu arm.
Es war nichts dort zu holen.
Weder Öl noch Diamanten.

Viele haben für das kleine Land gebetet!
Hat das Gebet etwas genützt?
»Gott hat es nicht gewollt,
uns hat es aber nichts genützt.«*
Pfanies Bruder, Patrick vom Jesuitenorden,
wurde mitten im Gottesdienst
mit seiner Gemeinde ermordet.
Und hier
spricht man von Bürgerkrieg
statt Massenmord,
statt Völkermord,
statt Genozid.

Ausländische Geistliche,
haben sie etwas unternommen?
Oder
haben sie nur gebetet?

Die,
die in Rwanda waren,
sind evakuiert worden.
Wieviele
haben ein Leben gerettet?

* Aus der Todesanzeige von Pfanie und ihrer Familie

Ich frage mich

Wie hätte Jesus reagiert ?
Was hätte Jesus gemacht
als Mensch und als Gott?

Als Mensch,
so kann ich mir vorstellen,
hätte er sich durchgesetzt,
bis zu Pontius Pilatus.
Er hätte die ganze Stadt Kigali
durcheinandergebracht.

Ich sehe seine Wut im Tempel,
mit dem langen Tuch auf den Schultern,
über seinem langen Kleid,
ein stolzer Mann,
gut aussehend,
mit langen Haaren und einem Bart.
So kenne ich ihn von den Bildern,
die ich seit meiner Kindheit
bis heute vor Augen habe.

Er kam in den Tempel,
der wie ein Flohmarkt aussah.
Oh Mann,
wie er alles umgeschmissen hat!

Und was wäre,
wenn er zugesehen hätte,
wie seine Tante Suzanne, meine Mutter,
sein Onkel Diyonizi,
sein Cousin David, mein Bruder,
und andere
von Sekimonyo abgeholt wurden,
um ermordet zu werden?
Oder was hätte er gemacht
im »Tempel Sainte Famille«*,
wo tausende Christen
Zuflucht suchten
und doch keinen Schutz fanden,
obwohl sie
»Unter Deinen Flügeln . . .« waren?

Es hätte Krach gegeben.

Was hätte er
mit Vater Murozi** gemacht,
der die Flüchtlinge
den Milizen übergab
und die Leichen
im Hinterhof versteckte ?
Oh Mann!

* Kirche der Heiligen Familie

** Name geändert

So mag ich ihn.
Sogar als Kind,
als er fortlief.
Der kleine Junge,
er wußte ganz genau,
was er zu tun hatte.

Und Maria und Josef
mußten ihn suchen,
und erstaunt fanden sie ihn
mitten in der Predigt
mit gebildeten Männern,
die ihm begeistert zuhörten.

Wo gibt es heute noch so einen?

Als Geistliche aus Rwanda kamen,
haben sie angefangen zu predigen,
haben sie angefangen zu schreiben,
um mich zu lehren,
was gut und was böse ist.
Welche Partei angefangen hat
und welche Schuld hat.

Wenn die Rwandische Patriotische Front
nicht 1990 in Rwanda einmarschiert wäre,
– so sagen sie –
wäre kein Völkermord passiert.
Sie sagen aber nicht,
daß ohne diese
kein Tutsi
das Grausame überlebt hätte.

Hier angekommen
haben sie angefangen,
Analysen zu machen,
Gründe und Hintergründe zu untersuchen.
Als ob mich so etwas interessieren würde!

Sie sollten
ihre eigene Analyse machen,
darüber,
was sie in Rwanda getan haben.
Und das wissen sie,
ganz genau.

Ich klage sie an vor Gott.

Frauen machen auch Krieg

Einige Frauen
haben Menschen gerettet.
Einige Nonnen
haben falsche Pässe
für ihre Tutsischwestern besorgt.

Andere
haben auch
die Machete angefaßt
und ihre Hände schmutzig gemacht.

Das Buch
»Wenn Frauen Mörderinnen werden«
von Rakiya Omaar*
hat mich erschreckt.
Die Photos haben mich erschreckt.

Frauen machen auch Krieg,
ob sie nun aktiv sind
oder ihre Männer
mit ihrer guten Küche

* Rakiya Omaar, Quand les femmes deviennent des meurtrières, London

und ihrem Charme
dabei unterstützen.

Auch wir Frauen sind fähig,
Gewehr und Axt zu nehmen.

Die UNO in Ruanda

Heute ist der 25.4.1997.
In den Nachrichten ist auf Videotext zu lesen:

> ***85.000 Flüchtlinge verschwunden***
> *In Zaire sind nach Schätzung des UNO-Flüchtlingshilfswerks wieder bis zu 85.000 Menschen aus dem benachbarten Rwanda auf der Flucht. Eine Sprecherin erklärte, offenbar hätten auch in Biraro die Flüchtlinge ihr Lager verlassen. Die UNO startete mit Billigung des Rebellenführers Kabila aus der Luft eine Suchaktion nach den verschwundenen Menschen. Nach Angabe eines Sprechers der Rebellen haben Hutu-Milizionäre die Flüchtlinge aus den Lagern bei Kasese weggebracht. Die UNO beschuldigte die Rebellen, sie wollten Tausend rwandische Flüchtlinge verhungern lassen.*

Ich koche vor Wut!
Ich habe das Gefühl,
die westliche Welt
macht sich lustig über uns.

Arme Afrikaner
mit unseren armen Regierungen!
Die UNO startet aus der Luft eine Suchaktion,
die UNO beschuldigt die Rebellen.
Ist diese UNO die gleiche wie die im April 1994?
Am gleichen Datum, am 25.4. vor drei Jahren?
Ist es die gleiche UNO,
die ihre Blauhelme
zurückzog aus Rwanda,
während Kinder, Junge, Alte,
alle, die Tutsi waren
unter die Macheten fiel?
Ist es die gleiche UNO,
oder ist es eine neue?

Wenn es eine neue ist, dann ist es gut.
Wenn es die gleiche UNO
wie im April 1994 ist,
dann erlaube ich mir,
sie anzuklagen,
meine Mutter und meinen Bruder
im Stich gelassen zu haben.
Sie hätte doch,
wie heute am 25.4.1997,
alles tun können,
sie hätte es wenigstens versuchen können,
mit aller Macht
das Völkermorden zu verhindern.

Wenn ich bedenke,
daß drei Monate lang,
unter den Augen der ganzen Welt,
eine Million unschuldige Menschen starben,
dann frage ich mich,
ob wir überhaupt fähig sind,
noch etwas Gutes zu tun.

Wer hat begriffen,
was in Rwanda geschehen ist?

Selig sind . . . – Hahirwa

Die Predigt von Pfarrer Dr. Rainer Stuhlmann drückt meine Gedanken aus, die ich bis heute noch empfinde:

»Ich lese aus der Heiligen Schrift Worte Jesu aus der Bergpredigt, Matthäusevangelium Kapitel 5, Verse 1 bis10:

Als Jesus aber das Volk sah, ging er auf den Berg und setzte sich, und seine Jünger traten zu ihm, und er tat seinen Mund auf, lehrte sie und sprach :
Selig sind, die da geistlich arm sind, denn ihrer ist das Himmelreich.
Hahirwa. abakene k'umutima, kuko ingoma y'ijuru ali iyabo.
Selig sind, die da Leid tragen, denn sie sollen getröstet werden.
Hahirwa ababaye, kuko bazahozwa.
Selig sind die Sanftmütigen, denn sie werden das Erdreich besitzen.
Hahirwa abiyoroshya kuko bazatunga isi.
Selig sind, die da hungert und dürstet nach der Gerechtigkeit, denn sie sollen satt werden.
Hahirwa abasonzeye ubutungane bakabugilira inyota, kuko bazahazwa.
Selig sind die Barmherzigen, denn sie werden Barmherzigkeit erlangen.
Hahirwa abagira impuhwe, kuko bazazigilirwa.

Selig sind, die reinen Herzens sind, denn sie werden Gott schauen.
Hahirwa abakeye k'umutima, kuko bazabona Imana.
Selig sind die Friedensstifter, denn sie werden Gottes Kinder heißen.
Hahirwa abatanga amahoro, kuko bazitwa abana b'Imana.
Selig sind, die um der Gerechtigkeit willen verfolgt werden, denn ihrer ist das Himmelreich.
Hahirwa abatotezwa bazira ubutungane, kuko ingoma y'ijuru ali iyabo.

Im Mittelpunkt unseres Gottesdiensts soll ein Wort Jesu aus den Seligpreisungen stehen, die ich eben gelesen habe.
Matth. 5, Vers 5:
Jesus sagt: Selig sind, die da hungert und dürstet nach der Gerechtigkeit, denn sie sollen satt werden.

Liebe Eugénie, liebe Sandra, lieber Bernd und ihr alle, die ihr um Suzanne Mukangwije und David Ngarambe trauert. Wir sind hier zusammengekommen, um dem Tod nicht das letzte Wort zu lassen und um der Ungerechtigkeit und dem Mord nicht das letzte Wort zu lassen. Vielleicht wäre es hier einfacher zu schweigen, so wie es auch hilfreich ist, einfach mit euch zu schweigen. Und dennoch darf über das, was geschehen ist, nicht einfach geschwiegen werden.

Auch weil unsere Worte sich als zu schwach erweisen – denn das Geschehen ist ein Grauen –, ist es gut, daß hier in menschlichen Worten ein anderer zu Worte kommt, Jesus von Nazareth, einer, der weiß, wie euch jetzt und in diesen Tagen zu Mut ist. Einer, der euer Herz kennt und weiß, wie schwer das ist, von einem Menschen Abschied zu nehmen, ohne sich verabschieden zu können. Er weiß, wie euer Herz euch nach unten zieht, so daß ihr das Gefühl habt, das Leben läuft einfach an euch vorbei.

Wenn er das Wort nimmt, dann kann so etwas wie Trost in aller Trauer entstehen. Und Jesus, der so mit uns redet, der kennt auch alle Abgründe unseres Herzens. Abgründe, die uns erschrecken mögen. Du hast mir erzählt, Eugénie, wie du dir selber fremd geworden bist, als du gespürt hast, was da für eine Wut, nein, welcher Haß in dir gewachsen ist und immer noch wächst, so lange du nachdenkst über das, was geschehen ist.

Vor ein paar Wochen hast du darum gebeten, daß im Gottesdienst in Beuel das Hohelied der Liebe aus 1. Kor. 13 gelesen wird, aber jetzt – so sagst du – und bist selber darüber erschrocken, kannst du diese Worte nicht mehr hören und aussprechen. Wir haben alle miteinander wie du gelernt, daß wir nicht hassen dürfen, aber was ist das gegen diese machtvolle Kraft, die da in uns wächst.

Es ist so, als würden die, die immer genug zu trinken haben, denen, die in der Wüste Durst leiden, verbieten, Durst zu haben.

Das ist es, was da in dir vorgeht. Der Durst nach Gerechtigkeit. Der Hunger nach dem, daß das ungeschehen gemacht werden soll, was geschehen ist, oder daß wenigstens ein Ende gemacht werden muß mit dem, was da immer noch geschieht.

Der Durst nach Gerechtigkeit ist zuerst einmal der Durst nach Rache. Und das darf hier auch in der Kirche ausgesprochen werden, und das dürft ihr euch erlauben: daß dieser Durst in euch da ist und ihr ihn wahrnehmt. Um so schlimmer und ungestillter wird der Durst ja, wenn man die nicht kennt, an denen man gern Rache nehmen würde. Ihr kennt nicht die Mörder und sucht doch nach Stellvertretern. Ja so ist das mit diesem Durst, der gestillt werden möchte, aber er wird nicht gestillt. Selbst wenn ihr den Mörder finden würdet, selbst wenn die Rache geübt werden könnte. Und so ist doch gleich dieser Durst nach Rache auch ein Stück der Erklärung für das, was in diesen Wochen in Rwanda vor sich geht. Das sind ja alles Menschen, die das Grauen selber vor Augen haben, und die mit den Bildern und den Geschichten, die sie erleben, und in die sie hineingeworfen werden, offensichtlich nicht anders fertig werden können, als das Grauen zu verlängern und zu vervielfältigen.

Abgründe menschlichen Herzens: eine Rache, die kein Objekt findet. Vielleicht, vielleicht richtet sich dieser Durst auch auf Gott selber. Wut und Zorn über Gott und vielleicht auch Haß auf diesen Gott. Und auch das läßt sich Gott gefallen, weiß, daß der Haß nur die Kehrseite der Liebe ist, und nur da, wo Menschen lieben, sie auch zum Haß fähig sind. Ja, Gott, der jeden Menschen auf dieser Erde liebt, läßt sich den Haß der Menschen gefallen. Vielleicht, weil nur so das Grauen zum Stillstand kommen kann, weil nur so die Kette der Racheakte unterbrochen werden kann, weil nur so der Haß gestillt und daraus vielleicht – nicht heute, aber doch in der Zukunft – auch wieder Liebe wachsen kann. Weil Jesus das weiß, darum wagt er so Ungeheuerliches zu sagen: Selig sind, die diesen Durst in sich spüren. Selig sind sie, weil der Mord und die Ungerechtigkeit nicht das letzte Wort behalten, so machtvoll und grauenvoll das Wort auch ist, das damit gesprochen ist. Das letzte Wort behält der Gott des Lebens, für den dieser Jesus redet und handelt. Und auch, wenn wir noch nichts vom Stillstand, nichts vom Gesättigtwerden, nichts von Befriedigung in uns spüren: die Verheißung kann so etwas wie ein winziges Saatkorn dessen sein, daß die Zukunft in unseren Herzen wieder wachsen kann.

Die Menschen, die heute abend hier zusammengekommen sind, die möchten euch dessen gewiß machen, indem sie einfach da sind, neben euch sind, mit euch schweigen und damit Zeichen für diese Verheißung sein wollen, die ihr vielleicht heute noch gar nicht glauben könnt: daß der Durst nach Gerechtigkeit gestillt werden wird, daß Leben und Gerechtigkeit das letzte Wort behalten werden. Du hast mir erzählt, wie gut es dir getan hat, daß Menschen angerufen haben, dir geschrieben haben, einfach bei dir waren in aller Trostlosigkeit als Zeuginnen und Zeugen dieses Trostes, der heute nur bruchstückhaft in uns wachsen kann.

Auch deine Mutter selbst war ja eine lebendige Zeugin dieses Trostes. Sie hat etwas von dieser verheißenen Gerechtigkeit in ihrem Leben gelebt und zum Leuchten gebracht, in ihrer Güte, in ihrem schlichten Dasein für andere mitten in einer Welt der Ungerechtigkeit und des Grauens. Zeugin für die Welt, die kommen wird.

Sie wußte, daß sie getragen ist von dem Gott des Lebens, der das letzte Wort in unserer Welt behält, wenn sie von der nächsten Reise sprach. Sie brachte damit zum Ausdruck, daß der Tod, wie auch immer er kommen wird, nicht das Ende ist, sondern der Weg in die guten Hände dieses lebendigen Gottes, dem wir unser Leben verdanken, und der uns auf eine oft unbegreifliche Weise trägt und hält und gegen allen Augenschein und gegen alle Zweifel unseres

Herzens in seiner Liebe und in seinem Frieden geborgen hält. In seinen guten Händen wissen wir deine Mutter und deinen Bruder geborgen und mit ihnen alle die anderen in ihrem Land, die ermordet worden sind. Der Gott des Lebens steht an der Seite der Opfer und wird ihr Anwalt und wird ihnen Gerechtigkeit widerfahren lassen, die ihnen zu Lebzeiten und auf dieser Erde verweigert worden sind.

Weil das so ist, darum können wir in aller Trauer dennoch getröstet sein und in allem Grauen und aller Anfechtung ein Stück von dieser Geborgenheit erfahren.

Ja so ist es:

Selig sind, die da hungert und dürstet nach der Gerechtigkeit, denn sie sollen satt werden.

Amen

Danach

Und dann der Segen,
anschließend Beisammensein
mit Saft und Tee.
Die Beerdigung war zu Ende,
ich sammelte die Bilder,
und wir fuhren nach Hause.

Wie ich mich gefühlt habe,
ist ein Geheimnis
auch für mich selbst.
Ich weiß nicht,
ob mein Herz klopfte,
ich weiß nicht,
ob meine Augen offen waren,
ich weiß nicht,
ob meine Füße auf dem Boden waren,
ich weiß gar nichts.
Ich will auch nicht wissen,
wie ich war.
Ich weiß nur,
wie ich heute bin.
Ich bin älter geworden,
*en âge et en sagesse**.

* An Alter und Erfahrung

Ich weiß,
was du nicht weißt,
und ich sehe,
was du nicht siehst.

Sich verabschieden,
ohne Abschied zu nehmen,
also doch kein Abschied,
und doch Abschied.

In der Leere leben
und doch in der Welt aktiv sein
mit allem Drum und Dran.
Mit Menschen reden
und gleichzeitig stumm bleiben.

Lachen müssen,
um nicht zu weinen,
und die Tränen herunterschlucken,
weil du Deine Tränen
nicht fließen lassen willst.

Versuchen,
normal zu sein,
in einem unnormalen Zustand.
Ich hatte alles
und doch gar nichts.

Zu Hause war Stille,
ich versuchte,
dieses Schweigen zu brechen,
die gute Atmosphäre zu bewahren.
Aber ich stieß
auf einen inneren Widerstand,
der stärker als mein Wille war.

Das Leiden war im ganzen Haus
nicht nur zu fühlen,
sondern auch zu sehen.

Jeder zog sich zurück,
das Thema Rwanda
war tabu.

Eine totale Stille - »*un silence complet*«.

Sandras Augen waren naß,
ihr schönes Lächeln
war nicht mehr zu sehen.
Ich bin sicher,
sie weinte ganz still in ihrem Zimmer.

Keine wagte,
der anderen
etwas zu sagen.

Es wird nicht mehr
laut gelacht,
Musik ist nicht mehr
zu hören.
Nichts!

Der Tod
hatte uns erreicht,
meine Liebste war überall
in unserem Haus.

Meine Mutter
war überall zu sehen.

Im Wohnzimmer auf ihrem Platz,
im Garten bei den Erdbeeren,
die sie mit Liebe gepflegt hatte,
bei den Bohnen,
die sie mit viel Gefühl gepflanzt hatte.

Sie war überall.

Ich konnte nicht mehr
ihr Zimmer betreten.

Wir haben einen Stein,
einen schönen Stein mit den Namen
Suzanne Mukangwije † 1918 - 1994
und Ngarambe David † 1963 - 1994
machen lassen.
Wir haben ihn ins Wohnzimmer
mitten zwischen Blumen und Pflanzen gestellt.
So kann ich mit meiner Liebsten leben.
Ich stelle Milch hin,
das Getränk *d'imfura**,
damit sie keinen Durst hat.
Ich tanze für sie,
damit sie nicht traurig wird.

Ich mache ihr ihre Lieblingsmusik,
damit sie sich nicht langweilt.

Ich fange an,
mit ihr zu sprechen,
beim Aufstehen
guten Morgen - *waramutse*
und abends gute Nacht - *urare ahalyana*
zu sagen.

So lebe ich seit 1994
bis heute, den 23.2.1997.

* Der Noblen

Am Ende

Ich frage mich bis heute,
welchen Sinn hat der Tod?
Was hat der liebe Gott davon?
Was will er uns damit zeigen?
Wenn es wirklich von ihm kommt.

Ich frage mich,
warum so eine schmerzliche Trennung
zwischen Menschen, die sich lieben?
Warum überhaupt?

Also, mein lieber Freund und Vater da oben:
Mein Vater ist bei Dir,
1959 ermordet.
Meine Oma ist bei Dir,
im Exil in Bibwe/Zaire gestorben.
Mein Onkel Jean ist bei Dir,
im Exil gestorben.
Meine Mutter ist bei Dir,
1994 ermordet.
Mein Bruder ist bei Dir,
1994 ermordet.
meine Onkel sind bei Dir,
1994 ermordet.
Meine Tanten sind bei Dir,
1994 ermordet.

Meine Cousins und Cousinen
sind bei Dir,
meine Patenkinder
und ihre Kinder sind bei Dir,
1994 ermordet.
Meine Freunde und Freundinnen
sind bei Dir,
1994 ermordet.
Die meisten aus dem Tutsivolk sind bei Dir,
1994 ermordet.
Auch ich werde zu Dir kommen,
ich hoffe,
ich werde alle wiedersehen,
und meine Gedanken
weißt Du schon,
wenn es Dich überhaupt gibt.

Leider werde ich danach
nie wieder
auf diese traurige
und bedrückende
Welt zurückkommen,
um zu erzählen,
was ich gesehen
und gehört habe,
damit andere auch versuchen,
zu Deiner Welt
mit Liebe und Frieden beizutragen,
wie Du

es durch Deinen Sohn
uns vermittelt hast.
Friede auf der Welt,
die Du geschaffen hast,
und trotz allem Danke
für alles, was Du mir geschenkt hast.

Ich lebe mit meinem Stein

In wenigen Monaten
werde ich Oma sein.
Das Kind soll Emmanuel
oder Emmanuelle heißen,
und ich bitte Dich von ganzem Herzen,
sie oder ihn zu schützen.

Du hast meine Liebste zu Dir geholt,
Du siehst meine Trauer,
Du siehst meine Mutter,
Du siehst meinen Bruder,
Du siehst meine Freunde.
Alle sind bei Dir.

Und ich?
Ich trauere!
Ich lebe mit meinem Stein,
ich rede mit ihm.

Aber
oft sind wir beide so traurig,
daß wir nicht reden können,
daß er nicht sprechen kann,
weil er Mukecuru so vermißt.

Dann versuche ich ihn zu trösten,
halt ihn fest in meinen Händen,
singe ganz leise das Lieblingslied,
das Mukecuru so gern hörte,
von Florida Uwera
und noch ein Lied von Cécile,
und ein Lied von Muyango
und noch einen Tanz von Amarebe.

Bei dem Liede tanze ich für sie
und singe beim Tanzen
und bringe ihr eine Tasse Milch oder Sekt,
damit wir alle fröhlich sein können,
damit Mord und Tod nicht doch siegen.
Und dann wird der Stein
in meinen Händen ruhig,
so daß ich mit ihm der Mutter
noch ins Ohr ganz leise etwas sagen kann.
Wer weiß, wer alles mithört?
Gott weiß alles.
Ich bin sicher, die beiden verstehen sich gut.
Ich weiß, daß beide bei mir sind.

Meiner Mutter
will ich etwas Besonderes sagen:
Höre mal:
Sandra hat ihr Abitur.
Und noch was:
Sandra bekommt ein Kind.
Es soll Emmanuel oder Emmanuelle heißen.
Den Vater kennst Du,
und ich werde alles an Deiner Stelle tun.
Ein Fest in Deinem Namen!
Du siehst, wir leben.
Und Du mein FREUND
mein GOTT, höre zu:
Du hast mir alles genommen,
trotzdem bleibe ich Dir treu.

Segne Sandra und Jan,
segne das Kind,
segne uns alle auf Deiner Erde.
Aber: »Plus jamais ça«

Good bye, my Love!

Anhang

Krieg darf nach Gottes Willen nicht sein

Heute ist der 4. Februar 1997.
Ich bin in Berlin bei Dita und Jean.
Wie gewöhnlich gibt es hier
nach dem Essen
une petite sieste.
Und ich?

Ich kann nicht schlafen,
ich will auch nicht.
Jean hat noch seine Rede vom 7. Mai 1994,
vom Trauergottesdienst in Bonn-Beuel,
fast zweieinhalb Jahre alt:

Liebe Freunde, chers amis,

es ist mir sehr schwergefallen, ja zu sagen, als mich Eugénie Musayidire vor ein paar Tagen bat, hier ein paar Worte zu sagen. Ich habe sehr lange gezögert, und meine Zustimmung, die ich auf ihre wiederholten Bitten ihr dann gab, hat mir einige schlaflose Nächte bereitet, weil es mir nicht gelingen wollte, Ordnung in meine Gedanken zu bringen. Zu grausam waren die Bilder jeden Tag im Fernsehen, unfaßbar die Nachrichten in Rundfunk und Zeitungen. Es hat mir den Mund verschlossen, die Zunge und das Gehirn gelähmt. Ich war nicht in der Lage, meine Empfindungen in

Worte zu fassen. Meine Frau Dita und ich, wir sind hierher gekommen, weil wir wußten, daß unsere Tochter Eugénie in großer Not und Sorge war um ihre liebe Mutter, weil sie nicht wußte, ob diese noch unter den Lebenden weilt, seit das große unfaßbare Töten in Rwanda ausgebrochen ist.

Wir haben es immer so gehalten, seit unsere Wege sich gekreuzt haben. Mehr als 10 Jahre ist es her, daß sie in unser Haus in Berlin und unser Herz einzog.

Eugénie war damals schon im Dienste des Diakonischen Werkes in Siegburg. Einer ihrer Mitarbeiter, Klaus Selig, mit dem uns seit fast 20 Jahren eine enge Freundschaft verbindet, hatte uns um Quartier für sie gebeten, als sie an einer Tagung in Berlin teilnehmen wollte.

Und als sie dann mit ihrer Tochter Sandra vor uns stand, ist sogleich so etwas wie ein Funke zwischen uns übergesprungen, und wir lagen uns in den Armen.

Seither haben wir uns Jahr um Jahr mehrfach besucht. Zuerst in Sankt Augustin, dann in Königswinter oder bei uns in Berlin.

Wir haben viele frohe Stunden gemeinsam verbracht, Feste gefeiert, aber auch allen unseren Kummer und unsere Sorgen miteinander geteilt. Das ging nie durch das Telefon.

Stets hieß es, komm, setz Dich in die Bahn, komm ganz schnell her. Und dann haben wir Nächte hindurch miteinander geredet, manchmal auch bis drei, und versucht, die Probleme zu lösen.

Die Lösung war nicht immer das Ausschlaggebende, wichtig war, aufeinander zu hören und einander dabei in die Augen zu schauen. Und da ist es denn eines Tages so gekommen, daß Eugénie uns als Mutter und Vater im Geiste akzeptierte.

Das fand seinen Höhepunkt, als sie vor zwei Jahren heiratete, und wir auch dort auf der Insel Helgoland für sie diese Rolle übernehmen durften. Wir waren von da an eine richtige Familie, zu der natürlich auch unsere Kinder Sandra und Christian zählen.

Eugénie erzählte uns viel von ihrem Land und ihrem Volk in Rwanda, wir haben uns durch viele Bilder und Videos einen Eindruck verschaffen können, wie man dort lebt und lacht und liebt. Und wenn Eugénie besonders froh gestimmt war, dann legte sie eine Kassette auf und tanzte die unnachahmlichen Tänze ihrer Heimat oder sang uns die Lieder vor.

Als jetzt nun die ganz große Trauer in ihr Herz eingezogen war durch die Ungewißheit über das Schicksal ihrer leiblichen Mutter und mehr noch über das unsägliche Leid ihres Volkes, über das sinnlose Töten, über den unvorstellbaren Völkermord in ihrer Heimat, der täglich über den Bildschirm und andere Medien in unsere Wohnungen kommt, wurden ihre Schmerzen auch unsere Schmerzen.

Wir sind hierhergekommen, um mit Eugénie und Ihnen allen zu trauern und ein Zeichen der Solidarität zu setzen. Wir wollten, wenn es ginge, Sie alle ganz einfach in den Arm nehmen, wie wir es mit Eugénie und ihrem Mann und unseren Kindern so oft getan haben, und mit Ihnen weinen und beten.

Wir wollten mit Ihnen zusammensein in der Stunde ihrer großen Not. Und wir spürten, das viele Reden darüber half nicht weiter.

Zu viele Fragen brennen in unseren Herzen, die wir in dieser Stunde nicht stellen können, weil uns die Antworten darauf auch nicht weiterbringen, aus unserer Hilflosigkeit und Ohnmacht herauszukommen. Und keine dieser Antworten könnte uns letztendlich Auskunft darüber geben, wie kommen Menschen dazu, sich so etwas anzutun, wie werden Menschen zu Tätern oder Opfern oder zu beiden. Und weil die eine große und immer wiederkehrende Frage nach dem gnädigen Gott ohnehin niemals befriedigend beantwortet wird, die Frage nach einem Gott, den wir alle als unseren Vater anrufen und der uns versprochen hat, uns zu trösten wie eine Mutter.

Ich habe ein Leben lang diese Frage gestellt: Warum läßt er es immer wieder zu, daß seine Menschenkinder sich so gebärden, warum verhindert er nicht ihr schlimmes Tun?

Ich habe mir diese Frage gestellt, als ich als 15-jähriger Gymnasiast noch 1943 als Soldat in den bis dahin schlimmsten aller Kriege hineingezogen wurde und das große Sterben in den Städten durch Bomben und Feuer miterlebte, und wie Panzer Menschen zu Brei zermalmten und ich später gezwungen wurde, sie mit der Schippe zu beseitigen. Und als dann endlich die Kanonen schwiegen, und wir Überlebenden aus den Kellern krochen, die standgehalten hatten, und begannen, das Leben wieder zu wagen, da hatte auch ich mir geschworen, du mußt jetzt alle deine Kräfte dafür einsetzen, daß sich das nicht wiederholt, das millionenfache Morden in einem Kriege.

Lange bevor der ökumenische Rat der Kirchen den Satz prägte: »Krieg darf nach Gottes Willen nicht sein«, war ich für mich allein zu dieser Überzeugung gekommen.

Das Ausschlaggebende war also das Tun des Willens Gottes. Mir schien die Verwirklichung desselben am ehesten gegeben, indem ich mich dem Studium des Evangeliums widmete, dessen zentrale Botschaft nun einmal vom Frieden auf Erden für alle Menschen spricht. Und als ich das Studium beendet hatte, ging ich nicht auf die Kanzel und in die Gemeinden, weil ich der Meinung war, den Frieden kann man nicht einfach verkünden, den muß man lernen, muß man einüben. Das hieß für mich: Du gehst in die Schulen, zu den kleinen Kindern, da muß das anfangen, das Einüben des Friedens. Ich wurde Religionslehrer. 30 Jahre lang habe ich versucht, auf diese Weise eine neue, eine bessere Welt von unten her aufzubauen.

Wenn ich heute Bilanz ziehe: Der große Erfolg ist ausgeblieben. In den letzten Jahren habe ich zunehmende Gewaltbereitschaft unter Schulkindern miterlebt, die ich nicht zu verhindern wußte. Ich habe in der Friedensbewegung auf zahlreichen Ostermärschen und auch durch meine Mitarbeit in einem kirchlichen Ausschuß für Gerechtigkeit und Frieden und Bewahrung der Schöpfung mitgewirkt. Aber es ist uns nicht gelungen, Einfluß zu nehmen auf Mächtige, die die großen sozialen, ökonomischen, ethischen Probleme oder religiöse Gegensätze der Völker nicht anders zu lösen wissen als durch blutige Gewalt, wobei ihnen die Waffenhändler in aller Welt sehr behilflich sind. Und wie wir heute erfahren, sind wohl auch die Bemühungen der UNO friedensbildender Art nicht mehr ohne Einsatz von Waffen erfolgversprechend, wie wir auf dem Balkan und anderswo sehen. Im Gegenteil, alte Konflikte, die schon bereinigt zu sein scheinen, eskalieren erneut, im Jemen, in Kambodscha sind wieder Menschen auf der Flucht und die Roten Khmer im Vormarsch (die vor 20 Jahren den letzten großen Völkermord verursachten, 1 Mill. Tote).

Krieg darf nach Gottes Willen nicht sein! Aber nicht einmal die Berlin-Brandenburgische Synode der Evangelischen Kirche konnte diesen Satz eindeutig unterstreichen. Wir haben dort im April in Berlin lange debattiert über die Frage: ob man oder in welchem Maße man als Christ noch Soldat sein darf. Sie kam zu dem Schluß: im Prinzip ist das Friedenschaffen und Friedenerhalten das Primat für einen Christenmenschen.

Aber in großen Notfällen, in Ausnahmesituationen muß auch Christen erlaubt sein, Schlimmeres zu verhüten durch den Einsatz von Waffen. Man kann auch durch Wegschauen schuldig werden. Das ist sicher auch richtig! Nur wer gibt uns im passenden Moment nun die richtige Antwort?

Die Frage bleibt offen! Was würde Christus dazu sagen? Er hat bekanntlich Petrus das Schwert aus der Hand genommen mit den Worten: stecke das Schwert in seine Scheide. Wer zum Schwerte greift, wird durch das Schwert umkommen!

Wir können nur hoffen und beten, daß Christus auch den Soldaten in Rwanda baldmöglichst die Waffen aus der Hand reißt und den Geist des Friedens in die Köpfe und Herzen der Mächtigen auf beiden Seiten der kämpfenden Parteien pflanzt und die vielen Flüchtlinge heimkehren läßt und ihnen eine friedliche Zukunft eröffnen möge und uns Kraft, Mut und viel Phantasie schenkt, daran mit allen Kräften mitzuwirken.

Verleih uns Frieden gnädiglich,
Herr Gott zu unsern Zeiten.
Es ist ja doch kein anderer nicht,
der für uns könnte streiten,
denn du unser Gott alleine!

Amen

Kleine Chronik Rwanda

Vor der Unabhängigkeit

Seit **1885** ist die Region dem Deutschen Reich unterstellt.

Ab **1908** Aufbau einer deutschen Militärbehörde. Daneben existiert eine Tutsi-Dynastie unter einem König.

1916 werden die Deutschen von den Belgiern vertrieben. Rwanda und Burundi werden **1924** vom Völkerbund Belgien treuhänderisch unterstellt.
In dieser Zeit waren die Bezeichnungen »Tutsi« und »Hutu« Klassenbezeichnungen. Die Aristokratie und die Reichen waren Tutsi, die Masse des Volkes Hutu, ein Wechsel der Klassenzugehörigkeit möglich. Die Belgier unterstützen die Tutsi – in dem fälschlichen Glauben, es handele sich bei diesen um eine andere, höherwertige Rasse, und machen schließlich einen Wechsel der Klassenzugehörigkeit damit unmöglich. Erst in den 50er Jahren ändert Belgien auf Druck der UN seine Rwanda-Politik und öffnet den Zugang zu Bildung und Führungspositionen für Hutu.

Ein Hutu-Aufstand mit folgenden Anti-Tutsi-Pogromen löst **1959** eine Flüchtlingswelle in die Nachbarländer Rwandas aus.

1962 Ende der belgischen Kolonialherrschaft.

Unabhängigkeit

Von **1962 bis 1966** versuchen eine Reihe von Tutsi-Flüchtlingen nach Rwanda einzudringen. Jeder Versuch wird von der Regierung mit Repressalien auf die im Lande verbliebenen Tutsi beantwortet (wesentlich durch das Militär in Form brutaler Morde, schon damals mit Macheten). Die Gewaltwelle endet vorläufig mit 20.000 toten Tutsi und mehreren Hunderttausend Flüchtlingen mehr in den Nachbarländern Rwandas.

1973 erfolgen neuerliche Übergriffe und Gewalttaten an Tutsi, die von höherer Bildung und von der Verwaltung ausgeschlossen werden. Damit legitimiert General Habyarimana seine Machtübernahme durch einen Militärputsch. Eine weitere Flüchtlingswelle erfaßt wieder die Nachbarländer Rwandas. Die Führer der ersten Republik werden inhaftiert und später mehrheitlich exekutiert.

1978 etabliert General Habyarimana ein Ein-Parteien-System mit der National-Demokratischen Bewegung (MRND).

In den späten **80ern** verliert Habyarimana zunehmend an Unterstützung und wird öffentlich der Korruption angeklagt. Ökonomische Schwierigkeiten prägen das Land – vor allem durch den weltweiten Fall der Kaffeepreise –, die vor allem die ärmeren Bevölkerungsteile treffen.

1988 gründen Exil-Tutsis die Rwandische Patriotische Front (FPR), die am **1. 10. 1990** versucht, von Uganda aus mit dem Ziel einzumarschieren, die Rückkehr der ersten Flüchtlingsgeneration von Tutsi möglich zu machen und die Habyarimana Regierung zu stürzen. Verhaftungen und Massaker an in Rwanda lebenden Tutsis sind die Folge.

Anfang **August 93** unterschreiben die Regierung und die RPF einen Friedensvertrag. Die RPF soll danach bis zu den Wahlen an der Regierung beteiligt werden.

Eine Friedenstruppe der UN kommt im **Dezember 1993** ins Land.

Der Völkermord 1994

Am **6. April** wird beim Landeanflug auf Kigali ein Flugzeug abgeschossen, in dem sich die beiden Präsidenten von Rwanda und Burundi sowie weitere Würdenträger befinden. Alle Insassen sterben. – Beginn des Völkermordes an den Tutsi.

Am **21. April** erklärt der kommandierende General der UN-Truppen, daß er dem Geschehen mit ca. 5.000 bis 8.000 Soldaten ein Ende bereiten könne. Der Sicherheitsrat entscheidet dementgegen, den Großteil der UN-Truppen abzuziehen. Von 2.500 bleiben nur 270 Blauhelme in Rwanda.

Am **4. Juli** erobert die RPF Kigali.

Am **12. Juli** gibt der Vorsitzende des Internationalen Roten Kreuzes bekannt, daß die Zahl der Toten auf eine Million geschätzt würde.

Am **17. Juli 94** kündigt die RPF die Formierung einer neuen rwandischen Regierung an.
In insgesamt 100 Tagen sind etwa eine Million unschuldiger Menschen umgekommen.

Am **28. Juli** schätzt die UN die Zahl der Flüchtlinge auf 1,4 Millionen in Zaire, 353.000 in Burundi und 241.000 in Tanzania. Einige von ihnen werden von ehemaligen Mitgliedern der rwandischen Armee getötet.

Am **8. September** wird bekannt, daß Truppen der ehemaligen Regierung eine Invasion in Rwanda von Zaire aus planen und bereits einige Überfälle innerhalb des Landes stattgefunden haben. Die Überfälle in den Grenzregionen gehen weiter bis zum Jahresende. Zwischen September und November sehen sich die Mitglieder zahlreicher Hilfsorganisationen gezwungen, ihre Tätigkeiten in Flüchtlingslagern wegen der mangelhaften Sicherheitslage dort aufzugeben.

Ende des Jahres 1994 wird das Internationale Tribunal eingesetzt, die Staatengemeinschaft versucht Rwanda beim Wiederaufbau seines Rechtssystems zu helfen und Unterstützung bei der Stabilisierung der Regierung wird zugesagt.